© 2014 Publicações Pão Diário
Todos os direitos reservados.

Todos os artigos são adaptados das meditações do Pão Diário.

As citações bíblicas são extraídas da edição Nova Tradução da Linguagem de Hoje © 2005 Sociedade Bíblica do Brasil.

Escritores:
Chia Poh Fang, Connie Cheong, Chung Hui Bin, Lillian Ho, Khan Hui Neon, Catherine Lee, Sim Kay Tee, Mary Soon, Song Shuling, Stephanie Tan, Tham Han Xim, Yong Soo Li

Tradutores:
Cordélia Willik, Lilian Steigleder Cabral

Editores:
Alyson Kieda, Rita Rosário, Thais Soler

Desenho gráfico:
Narit Phusitprapa, Day Day, Mary Tham, Audrey Novac Ribeiro

Diretor de arte:
Alex Soh

Modelos ilustrativos:
King's Kid, Educational Toys & Decorations, Chang Mai, Thailand

Publicações Pão Diário
Caixa Postal 4190,
82501-970, Curitiba/PR, Brasil
publicacoes@paodiario.org
www.publicacoespaodiario.com.br
Telefone: (41) 3257-4028

Código: Y7255
ISBN: 978-1-60485-913-3

2.ª impressão: 2016
3.ª impressão: 2020

Impresso na China

Neste livro, você verá como Jesus ama as crianças e gosta de ficar perto delas. Ele quer ser seu amigo e conversar com você todos os dias. Você pode contar a Jesus sobre todas as coisas e descobrir mais sobre Ele quando ler a Bíblia. Assim, você verá como pode confiar nele em todos os momentos.

Para aproveitar bem esta leitura, siga estes quatro passos fáceis e divertidos.

Passo 1: Uma vez por semana, invista o seu tempo nesta leitura e no texto bíblico indicado.

Passo 2: Torne a Palavra de Deus parte de sua vida. "Para memorizar" e os passatempos serão um bom começo. Há melhor maneira de memorizar a Bíblia?

Passo 3: Reforce a lição, permitindo que a criança "Experimente" por meio das simples brincadeiras ou atividades. Grandes e pequenos, observem as instruções!

Passo 4: Encoraje a vida de oração, ajudando a criança a conversar sobre as lições aprendidas com o texto bíblico. "Falando sobre" traz as ferramentas úteis para tal aprendizado.

Deus deseja que Seus filhos aprendam a conhecê-lo melhor e que correspondam ao Seu amor. Que as *faíscas* deste livro abrilhantem o seu relacionamento com Deus e com os outros.

Venha para Jesus

Alguns pais viram o amor que Jesus tinha pelas pessoas. Eles trouxeram suas preciosas crianças até Ele. Os pais esperavam que Jesus orasse por elas, porém, os Seus seguidores queriam protegê-lo, pois achavam que as crianças o incomodariam e Ele estava muito cansado. Eles estavam enganados! Jesus ama as crianças e as recebe bem. Jesus ama você! Ele quer estar com você e ser Seu amigo. Você quer ser amigo de Jesus?

Leitura: Mateus 19:13-15
"Pais que oram" de *Pão Diário*

Para memorizar

J□sus diss□: D□ix□m qu□ as crianças v□nham a mim....
Mateus 19:14

Dica: Na sentença acima está faltando uma letra do alfabeto. Você pode adivinhar qual letra está faltando?

Experimente!

A nossa parte

Papai e mamãe querem me dar um abraço. Mas eu preciso primeiro alcançá-los no outro lado da sala sem pisar no chão. Posso usar dois pedaços de papel para me ajudar. Como posso fazer isso?

A nossa parte

Ajude a criança a compreender que para descobrir o quanto Deus nos ama é necessário buscá-lo primeiro.

Podemos ter a certeza de que ao fazermos a nossa parte, Ele fará a Sua.

Falando sobre

Compartilhe com as crianças como você buscou em Jesus o conforto, a orientação e a proteção em sua própria vida. Converse com elas sobre as maneiras que podemos, falar com Jesus como um amigo, compartilhando seus medos, pedindo ajuda, proteção e agradecendo-lhe.

Aprendendo mais sobre Deus

Quando Jesus tinha 12 anos, seus pais o levaram à casa de Deus. Jesus encontrou-se com as pessoas que conheciam a Palavra de Deus. Ele queria aprender mais sobre o Pai. Ele as ouviu e as questionou. Jesus cresceu e cumpriu o que era certo, obedecendo a Palavra de Deus. Você quer conhecer o Pai celestial? Então, leia a Sua Palavra e converse com alguém que já o conhece.

Leitura: Lucas 2:41-52
"Conselho sábio" de *Pão Diário*

Lucas 2:52
Para memorizar

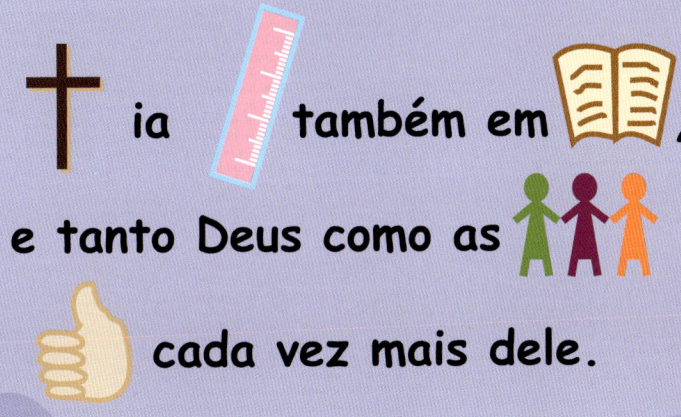

Dica: Combine cada uma das figuras acima com uma palavra dada abaixo.

crescendo · pessoas · gostavam · Jesus · sabedoria

Experimente!

Crescendo

Quero plantar alguns feijões. O que devo fazer? Descubra a sequência dos cinco passos que você precisará dar. Enumere-os corretamente.

- ☐ Medir quanto minhas plantas cresceram após duas semanas.
- ☐ Espalhar os feijões sobre o algodão.
- ☐ Colocar os feijões no vaso e perto da janela onde há luz.
- ☐ Molhar diariamente.
- ☐ Colocar um pedaço de algodão ensopado no fundo de um recipiente.

Crescendo

Como a linda planta precisa do sol para crescer, também precisamos da luz para nos tornarmos pessoas que fazem o que é correto. A Palavra de Deus é a luz.

Para crescermos e nos tornarmos pessoas que agradam a Deus, precisamos ouvir a Sua Palavra.

Falando sobre

Você consegue pensar em alguém que poderia lhe ensinar mais sobre Deus?

O que você gostaria de lhe perguntar?

*Jesus o conhece.
Ele deseja que você o conheça também.*

Jesus pode usar você

Milhares de pessoas vieram ouvir Jesus ensinar sobre Deus. Elas estavam famintas, mas não havia dinheiro para comprar comida. Um menino deu a Jesus seus cinco pães de cevada e dois peixes em conserva. Jesus usou o lanche do menino para alimentar todas as pessoas. Todos comeram o suficiente. Deus pode usar as criancinhas para ajudar as pessoas! Deus pode usar você para ajudar pessoas se você compartilhar o que tem. Você está disposto a isto?

Leitura: João 6:1-12
"Onde está Piccolo?" de *Pão Diário*

Dica:
Reorganize as palavras e memorize o versículo.

completamente
se Deus
ofereçam
a

Romanos 12:1

___/_____
_____
_/_____

Para memorizar

Experimente!

O que eu tenho?

Enquanto caminho pela sala, vou listar cinco coisas que tenho. Por exemplo:
- Carrinhos de brinquedo: 5
- Bolinhas de gude: 10

O que eu tenho?

Talvez alguns de nós tenhamos poucas coisas e outros foram abençoados com muito mais do que o necessário. De qualquer maneira, Deus se agrada quando compartilhamos o que temos com os outros.

Com Jesus, até as pequenas coisas podem tornar-se grandes quando usadas para o bem do próximo.

Falando sobre

Compartilhe com as crianças como algumas pessoas servem a Deus de diversas maneiras, grandes e pequenas.

Conversem sobre como sua família pode dar suas dádivas a Jesus. Pode ser arrecadando livros, brinquedos e roupas para os necessitados. Investir tempo encorajando um amigo que está com problemas também é uma maneira de servir a Jesus.

Creia em Jesus

A filha de Jairo estava muito doente. Ele implorou que Jesus fosse até a sua casa e a curasse, porém antes dele chegar, a menina morreu. Jesus disse a Jairo para não temer, mas confiar nele. Jesus resolveria aquela situação. Quando Ele chegou à casa de Jairo, foi até a menina que já estava morta e a fez ficar bem novamente. Existem coisas que o amedrontam? Confie em Jesus, o seu Amigo!

Leitura: Lucas 8:40-42,49-56
"Duas filhas" de *Pão Diário*

Dica:
Junte os pontos da mesma cor na ordem correta para enxergar a palavra.

Não tenha medo, apenas…

Lucas 8:15
Para memorizar

Experimente!

Andando pela fé

Não posso enxergar. Estou com os olhos vendados. Preciso caminhar de um canto ao outro da sala. Ela está cheia de coisas sobre as quais não devo pisar nem esbarrar. Como meu pai e minha mãe podem me ajudar?

Andando pela fé

Quando estamos com medo, podemos pedir ajuda a Jesus. Ele sabe todas as coisas. Podemos confiar nele para nos ajudar.

Em todas as coisas, grandes e assustadoras — pequenas e comuns — podemos confiar em Jesus.

Falando sobre

O que o amedronta?
Fale com Deus sobre isso.

Eu tenho medo de
_____.

Vou confiar em Jesus e não temerei!

Jesus o procura

Certo pastor tinha 100 preciosas ovelhas. Certo dia, uma ovelha se perdeu. Ele a procurou por toda parte na terra selvagem e perigosa. Ele não desistiu e quando finalmente a encontrou, celebrou com os seus amigos. Assim como este amável pastor, Jesus está procurando as pessoas que estão fora da família de Deus. Ele quer trazer essas pessoas perdidas para casa. Você faz parte da família de Deus? Se não fizer, Deus está procurando por você!

Leitura: Lucas 15:3-7
"Quando o perdido é achado" de *Pão Diário*

Para memorizar

Encontre as palavras: FILHO, HOMEM, BUSCAR, SALVAR, PERDIDO

```
O R S O R
D A A P F
I C L H I
D S V H L
R U A I H
E B R O O
P R M M D
D E A A D
M I A R F
P R O V S
```

Dica: Você precisa olhar de cima para baixo e de baixo para cima, de trás para frente, de lá para cá e de cá para lá.

Usando as palavras acima, complete o versículo!

Porque o ▢▢▢▢▢▢ do ▢▢▢▢▢ veio ▢▢▢▢▢▢ e ▢▢▢▢▢▢▢ quem está ▢▢▢▢▢▢▢.

Lucas 19:10

Experimente!

Perdidos e achados

Encontre a ovelha perdida!

Início → ... → Fim

Perdidos e achados

A Bíblia ensina que todos os que estão fora da família de Deus estão perdidos, pois não o obedeceram e se desviaram dos Seus caminhos. Deus se entristece, mas Ele nunca desiste de nós. Ele continua Sua busca por cada um de nós.

Falando sobre

Jesus, o Bom Pastor, está procurando por você. Você quer voltar para o lado de Deus? Permita que Jesus seja o Senhor (o Rei) da sua vida. Siga-o como uma ovelha seguiria o pastor!

Peça desculpa

Dois homens estavam orando a Deus. O primeiro, orgulhoso, dizia: "Querido Deus, sou um homem bom. Diferente dos outros, nada faço de errado." Deus não ouviu essa oração porque o homem estava orgulhoso demais para admitir seus erros. Porém, o segundo homem simplesmente orou: "Querido Deus, perdoa-me. Fiz coisas que te entristeceram." Deus o ouviu e esqueceu os pecados dele! Você gostaria de orar como o segundo homem?

Leitura: Lucas 18:9-14
"Paradoxo" de *Pão Diário*

Escreva a letra inicial de cada figura para soletrar as palavras que estão faltando.

Para memorizar
Lucas 18:13

Ó Deus, tem ⬜¹ ⬜³ ⬜⁶ ⬜² de mim, pois sou ⬜¹ ⬜³ ⬜⁴ ⬜² ⬜⁵ ⬜⁸ ⬜⁷ !

Experimente!

Empilhando

Vou fazer uma torre alta. Para cada coisa que eu disser sobre mim, vou adicionar um bloco. Por onde devo começar?

Eu sou legal e ajudo os outros...
Eu dou dinheiro para ajudar os pobres...
Eu vou à igreja aos domingos...
Eu leio a Bíblia todos os dias...
Eu obedeço os meus pais...
Eu alimento meus animais de estimação...

Empilhando

Sempre que pensarmos que deveríamos ser aceitos por Deus por nossas boas ações, caminhamos para uma queda!

Nós nos tornamos filhos de Deus não por méritos, mas pela humildade — admitindo diante de Deus que não somos bons o suficiente para Ele.

Falando sobre

Você ora — como o fariseu ou como o cobrador de impostos?

Leve-me para o céu

Quando Jesus estava sofrendo na cruz, dois ladrões foram crucificados ao seu lado. Um ladrão não acreditou que Jesus é Deus. Ele zombou de Jesus. Mas o outro ladrão sabia que tinha feito coisas erradas, diferente de Jesus. Ele creu que Jesus é Deus e poderia ajudá-lo. Ele queria estar com Jesus para sempre. Então, ele pediu a ajuda de Jesus. O Senhor o ouviu e o recebeu na família de Deus.

Ninguém é mau demais que não possa ser perdoado. Você pode estar com Jesus também. Convide-o para estar com você diariamente!

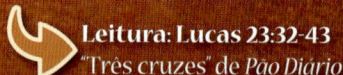

Leitura: Lucas 23:32-43
"Três cruzes" de *Pão Diário*

Para memorizar

a. vier como Rei
b. lembre de
c. senhor
d. quando o
e. mim

Lucas 23:42

Jesus, b._____ e._____
d._____ c._____
a._____ !

Você entendeu o versículo certinho? Agora substitua a palavra "mim" pelo seu nome. Leia o versículo novamente.

Experimente!
Não dá para atravessar?

Há dois círculos no chão separados por dois metros de distância. Devo pular de um círculo para o outro em um só pulo. Posso fazer isso sozinho? Se eu admitir que não posso fazê-lo e pedir ajuda, alguém colocará uma tábua entre os dois círculos. Agora posso atravessar pela tábua e chegar ao outro lado.

Não dá para atravessar?

Quando não obedecemos a Deus, existe um grande espaço vazio entre Ele e nós. Ninguém pode chegar a Deus por seus próprios esforços. Mas Deus nos ama tanto que enviou Seu único Filho, Jesus, para nos ajudar.

Jesus é a ponte que nos ajuda a chegar a Deus.

Falando sobre

Você quer estar com Jesus para sempre? Se quiser, ore agora mesmo. Peça para Deus perdoá-lo pelos erros e maus pensamentos. Então você se tornará filho de Deus.

Faíscas

Faíscas pretende mostrar o amor e o cuidado de Jesus pelas crianças. As histórias e os textos para meditação ajudam os pequeninos a entenderem que Deus tem prazer em estar perto deles. A ideia de que se pode compartilhar a vida e os pensamentos com Deus nos relembra que Ele é alguém totalmente confiável.

Os conceitos de perdão de pecados, salvação e vida eterna são expostos de maneira compreensível e exemplificados pelos acontecimentos relatados na Bíblia.

203,2mm x 203,2mm | 16 páginas
Capa: cartão 250gsm C2S
Miolo: papel couche 105g/m²
Impresso por China King Yip (Dongguan) Printing & Packaging Fty. Ltd.
IMPRESSO NA CHINA

IMPORTADOR: Ministérios Pão Diário
R. Nicarágua, 2128
82515-260 Curitiba/PR, Brasil
CNPJ 04.960.488/0001-50

Y7255
ISBN 978-1-60485-913-3

Infantil 5–7 anos

Faíscas
O que Jesus fez por mim

2

O que está escrito é que o Messias tinha de sofrer e no terceiro dia ressuscitar. —Lucas 24:46